100 Recetas de CAFE

Prólogo

EL CAFÉ HA CONQUISTADO EL MUNDO

En el inicio de toda empresa humana que ha tenido importancia hay una leyenda.

El origen del café no ha sido una excepción. Una leyenda, conocida por musulmanes y cristianos, habla de que en una ocasión en que el Profeta estaba enfermo, el ángel Gabriel le devolvió la salud y la fuerza viril, ofreciéndole una bebida negra como la gran Piedra Negra que hay en La Meca.

Como esta leyenda corren otras muchas que subrayan la importancia que se le ha atribuido al café a lo largo de la historia humana.

Lo que parece cierto es que el café se empezó a consumir en las altiplanicies de Abisinia, donde crecía en forma silvestre su modalidad llamada Arábica.

De Etiopía pasó a Arabia y a la India, probablemente a través de peregrinos musulmanes que viajaban a La Meca, ya que las rutas de peregrinación fueron al mismo tiempo, durante siglos, grandes rutas comerciales.

Pero los grandes propagadores del café fueron los holandeses, que explotaron grandes plantaciones del mismo en sus colonias de Ceilán e Indonesia.

Ellos fueron los importadores del cafeto y quienes lo aclimataron en los jardines botánicos de Amsterdam, París y Londres, desde donde pasó a la Guayana holandesa, al Brasil, a Centroamérica y a otros muchos países. Gracias a lo cual en tres siglos esta infusión ha pasado de ser casi desconocida a convertirse en una bebida universal que Bach, Balzac, Beethoven, Goldoni, Napoleón, Rossini, Voltaire y otros muchos personajes de la historia han consumido en grandes cantidades y elogiado desmesuradamente.

¿Quién no ha tomado café?.

© EDITORIAL IBIS, S.A.
Independencia, 92
08902 L' HOSPITALET
Tel. 336 56 50 Fax. 263 18 97
2ª EDICION
Autor: JUAN FONSECA
ISBN: 8486512-02-6
Dep. L. B-4785-86
Impreso en PIRGAR

POSTRES

ALSACIANA AL CAFÉ

Para 6 personas

Ingredientes:

250 g de harina
6 yemas de huevo
200 g de azúcar molido
1 huevo
200 g de mantequilla
200 g de ciruelas pasas

1 vaso de ron
3 cucharaditas de café soluble
1 tubito de vainilla
Raspadura de limón
1 cucharadita de levadura

Preparación:

- Mezclar las yemas con el azúcar, hasta que se forme una mezcla homogénea y suave.
- Ablandar la mantequilla y añadir el café. Mezclar.
- Verter la mantequilla en las yemas y revolver hasta homogeneizar la mezcla. Echar la vainillina y el limón.
- Quitar los huesos de las ciruelas abiertas, tenerlas en remojo con el ron 4 ó 5 horas.
- Trocear las ciruelas y veterlas en la mezcla, añadiendo medio vaso de ron.
- Mezclar, poco a poco, la harina y la levadura con la mezcla de huevos y mantequilla, hasta conseguir una masa homogénea que no se pegue a las manos, para lo cual, si es preciso, se le añadirá más harina.
- Dejar reposar la masa, envuelta en un paño, por espacio de 25 minutos.
- En un molde hondo, untado previamente con mantequilla y espolvoreado con harina, verter la masa.
- Cocer a horno fuerte y cuando empiece a subir, pintarlo con una mezcla de huevo batido con algo de azúcar y cubrir con papel de aluminio.
- Pinchar para saber si está hecho.

BAVAROIS AL CAFÉ

Para 6 personas

Ingredientes:

1/2 litro de leche
6 yemas de huevo
150 g de azúcar
2 cucharadas soperas de café soluble
200 g de crema de leche
30 g de azúcar glass o pasado por el molinillo
1 vaina de vainilla
3 hojas de cola de pescado
1 cucharada rasa de maizena

Preparación:

- Separar una tacita de leche en la que desleiremos la maizena; y el resto lo pondremos a hervir junto con la vainilla.
- Batir el azúcar y las yemas de huevo, incorporar el café soluble y la leche poco a poco y a continuación las hojas de cola de pescado que habremos remojado en agua fría.
- Poner la perola al fuego y, sin dejar de remover paredes y fondo, llegar a ebullición. Retirar del fuego y dejar enfriar.
- Una vez fuera del fuego, pasar por un tamiz a una cacerola y no dejar de remover hasta que empiece a cuajar. En este punto incorporar la crema de leche montada.
- Verter en un molde para bizcocho borracho.
- Dejar que cuaje.
- Servir espolvoreado de azúcar glass.

BRIOCHES RELLENOS DE CHANTILLY AL CAFÉ

Para 4 personas

Ingredientes:

4 brioches
1/2 litro de nata montada
75 g de azúcar glass o pasado por el molinillo
1/2 tubito de vainillina
4 cucharaditas de café soluble

Preparación:

- Mezclar la nata con el café, el azúcar y la vainillina.
- Cortar los brioches por la mitad, longitudinalmente.
- Rellenar con la crema chantilly confeccionada.
- Servir.

BUÑUELOS DE VIENTO AL CAFÉ

Para 6 personas

Ingredientes:

4 cucharaditas de café soluble
200 g de harina
100 g de azúcar glass
5 huevos
100 g de mantequilla
250 g de agua
1 corteza de limón
1 pizca de sal
Aceite, a poder ser de pepita de uva

Preparación

- En una cacerola, verter el agua, la mantequilla, la sal, la corteza de limón y el café soluble. Llevar a ebullición.
- Echar la harina de golpe, removiendo con la espátula, hasta que quede una pasta que se desprenda de las paredes.
- Retirar del fuego y mezclar los huevos de uno en uno. Una vez bien mezclado, está listo para freír.
- En una sartén al fuego, con mucho aceite, freír las bolitas de pasta, que no serán mayores que una avellana.
- Dejar que se hinchen hasta que estén doradas.
- Dejarlas escurrir sobre papel absorbente y espolvorearlas con el azúcar.

CAPRICHOS AL CAFÉ

Para varias personas

Ingredientes:

1 plancha de bizcocho de 1 cm de grueso por 40 cm de largo y 30 de ancho
200 g de confitura de albaricoque
1/2 litro de crema de café como en la pág. 57
100 g de nueces peladas
100 g de nata montada
20 g de azúcar glass
Una pizca de vainilla

Preparación:

- Cortar la plancha de bizcocho por la mitad y rellenar la parte inferior con la confitura.
- Colocar encima la parte superior de bizcocho.
- Cubrir con la crema de café y dejar secar.
- Una vez seca, partir en 12 trozos y colocar una nuez pelada en su centro.
- Mezclar la nata montada con el azúcar glass y la vainilla. Con una manga de boquilla rizada, trazar un círculo de nata alrededor de las nueces.
- Servir en bandeja.

CREMA AL CAFÉ CON CHOCOLATE

Para 4 personas

Ingredientes:

3/4 de litro de leche
9 yemas de huevo
300 g de azúcar
4 cucharaditas de café
1 ramita de vainilla
4 pastillas de chocolate fondant
una piel de limón
1 cucharadita de mantequilla

Preparación:

- Hervir la leche con la vainilla y la piel de limón.
- Mezclar las yemas, el azúcar, el café y trabajarlo bien con una espátula.
- Verter la leche hirviendo, después de haber sacado la ramita de vainilla y la piel de limón, y remover a fuego muy lento.
- Antes de hervir, sacar del fuego y dejar enfriar, repartida en cuatro recipientes o con uno solo.
- En un pequeño cazo, al fuego, fundir el chocolate junto con la mantequilla y adornar los recipientes.

CREMA DE CASTAÑAS AL CAFÉ

Para 8 personas

Ingredientes:

300 g de castañas
1/2 litro de leche
350 g de azúcar
1 palito de vainilla
8 yemas de huevo
4 cucharaditas de café soluble

Preparación:

- Hervir la leche y agregar el azúcar y la vainilla. Tapar la cacerola y dejar macerar unos quince minutos fuera del fuego.
- En otra cacerola se baten las yemas de huevo y se deslíen con la leche ya fría. Después se pasa dos veces por el tamiz y se reserva.
- Después de quitarles su cáscara exterior, se escaldan las castañas y se les quita la segunda piel.
- Se ponen a cocer, a fuego lento, hasta que estén blandas. Se escurren y se pasan por un tamiz.
- El puré resultante se mezcla con los huevos batidos, la leche y el café soluble.
- Una vez mezclado todo se pone al fuego, sin llegar a hervir, hasta que se espese. Es preciso no dejar de remover.
- Una vez haya espesado, se vierte en una fuente hasta que se enfríe.
- Se sirve fría.

CREMA ESPUMOSA DE CAFÉ

Para 8 personas

Ingredientes:

1/2 litro de café muy fuerte
300 g de azúcar
8 yemas de huevo
8 claras de huevo montadas

Preparación:

- Mezclar el azúcar con las yemas de huevo, hasta obtener una mezcla suave y homogénea.
- Verter, poco a poco, el café muy caliente, removiendo continuamente.
- Calentar suavemente la mezcla, removiendo sin cesar y cuando empiece a espesar, retirar del fuego, y verter en una fuente honda, volviendo a remover hasta que esté tibia.
- En este momento añadirle las claras montadas, removiendo muy suavemente.
- Dejar enfriar y servir.

CRÊPES AL CAFÉ

Para 4 personas

Ingredientes:

4 cucharaditas de café soluble
200 g de harina
1/4 de kilo de nata azucarada
1/4 de litro de leche
4 huevos
2 cucharadas de azúcar
1 copita de ron
Mantequilla

Preparación:

- En un bol, mezclar la harina, el azúcar, los huevos, la leche, el ron y 2 cucharaditas de café soluble.
- En una sartén antiadherente puesta al fuego, fundir una nuez de mantequilla.
- Verter 3 cucharadas de mezcla y remover la sartén, para que la mezcla cubra totalmente el fondo.
- Dorar la crêpe por ambos lados.
- Colocar las crêpes en una fuente previamente calentada.
- Preparar una crema con 2 cucharaditas de café soluble, mezcladas con la nata.
- Servir las crêpes acompañadas de la crema.

CROQUETAS DE SANTA TERESA AL CAFÉ

Para 4 personas

Ingredientes:

16 rebanadas de barra de pan del llamado francés, de 1 cm de grosor
1/2 litro de leche
2 huevos
6 cucharaditas de café soluble
Azúcar glass o pasado por el molinillo
Aceite, a poder ser de pepita de uva

Preparación:

- Colocar en una fuente las rebanadas de pan.
- Mezclar en frío, la leche y el café soluble, y mojar las rebanadas de pan.
- Batir los huevos.
- En una sartén al fuego, se fríen con aceite las rebanadas de pan mojadas con la mezcla del café y la leche, previamente pasadas por el huevo batido.
- Una vez doraditas, se colocan en una fuente, espolvoreándolas con el azúcar glass y un poco de canela.

CHANTILLY AL CAFÉ

Para 4 personas

Ingredientes:

400 g de nata fresca bien montada
100 g de azúcar glass
cucharaditas de café soluble
La raspadura de una naranja

Preparación:

- Montar la nata, si no está bien montada.
- Añadir el café, el azúcar glass y la raspadura de naranja.
- Servir frío, no helado.

CHARLOTA DE CAFÉ

Para 6 personas

Ingredientes:

150 g de azúcar
Vainillina (una cucharadita)
1/2 litro de leche
6 yemas de huevo
2 cucharadas soperas de café soluble
10 bizcochos desmigados
3 hojas de gelatina
500 g de nata montada
50 g de azúcar glass

Preparación:

- Hervir la leche con la vainilla en una perola.
- Batir el azúcar y las yemas de huevo, e incorporar, poco a poco, la leche y las hojas de cola de pescado, previamente lavadas en agua fría.
- Poner la perola al fuego y, sin dejar de remover paredes y fondo, llegar a ebullición. Retirar del fuego y dejar enfriar.
- Antes de que se solidifique, incorporar la nata y el café soluble.
- Mezclar.
- Cubrir el fondo de un molde de charlota con los bizcochos desmigados y verter la mezcla en su interior.
- Espolvorear con azúcar glass.
- Dejar reposar de un día para el otro.

CHARLOTA DE PLÁTANOS AL CAFÉ

Para 4 personas

Ingredientes:

3 cucharadas de café soluble
15 bizcochos
400 g de azúcar
8 yemas de huevo
3/4 litro de leche
3 hojas de cola de pescado
1 vaso de nata montada
1 vaina de vainilla
4 plátanos maduros

Preparación:

- Hervir la leche con la vainilla en una perola.
- Batir el azúcar y las yemas de huevo, e incorporar, poco a poco, la leche y las hojas de cola de pescado, previamente lavadas en agua fría.
- Poner la perola al fuego y, sin dejar de remover paredes y fondo, llegar a ebullición. Retirar del fuego y dejar enfriar.
- Antes de que se solidifique, incorporar la nata, el café soluble y los plátanos chafados.
- Mezclar.
- En una flanera apropiada a la cantidad, colocar un fondo de bizcochos en forma de estrella, y recubrir las paredes con otros tantos bizcochos, procurando que la parte azucarada toque la pared de la flanera.
- Una vez recubierta de bizcochos la flanera, verter la crema preparada. Es conveniente que estas dos operaciones se tengan preparadas antes de terminar la crema, pues en caso contrario ésta podría solidificarse dificultando su vertido en la flanera.
- Servir, una vez se ha solidificado.

CHARLOTA TURCA AL CAFÉ

Para 4 personas

Ingredientes:

3 cucharadas de café soluble
Galletas de coco, alargadas y redondas,
suficientes para forrar el molde de charlota
400 g de azúcar
8 yemas de huevo
3/4 de litro de leche
3 hojas de cola de pescado
1 vaso de nata
Vainillina
200 g de frutas confitadas troceadas

Preparación:

- Hervir la leche con la vainilla en una perola.
- Batir el azúcar y las yemas de huevo e incorporar, poco a poco, la leche y las hojas de cola de pescado, previamente lavadas en agua fría.
- Poner la perola al fuego y, sin dejar de remover paredes y fondo, llegar a ebullición. Retirar del fuego y dejar enfriar.
- Antes de que se solidifique, echar el café, la nata, las frutas confitadas y mezclar.
- Forrar el molde con las galletas de coco de la misma forma que si fueran bizcochos.
- Verter la pasta y dejar que solidifique.
- Servir frío.

FLAN AL CAFÉ

Para 4 personas

Ingredientes:

200 g de azúcar
1 cucharadita de vainillina
2 cucharaditas de café soluble
1/2 litro de leche
4 huevos enteros
2 yemas de huevo
1 corteza de limón
1 ramita de canela

Preparación

- En un cazo pequeño, cocer 60 g de azúcar y una cucharada sopera de agua y remover hasta que coja un bonito color marrón claro.
- Repartir en el fondo de un molde de 1 litro.
- Cocer 1/2 litro de leche con la canela y la corteza de limón.
- En una cacerola se baten los 4 huevos enteros y las dos yemas, con 140 g de azúcar, la vainillina y el café soluble.
- Mezclar con la leche hirviendo, batir bien y colar.
- Verter en el molde preparado de antemano y meter al baño María en el horno, sin que el agua llegue a hervir, durante 45-60 minutos.
- Ya cuajado, retirar del horno y dejar enfriar.
- Desmoldar y servir.

HUESOS DE SANTO AL CAFÉ

Para 4 personas

Ingredientes:

16 barquillos gruesos
2 cucharaditas de café soluble
100 g de azúcar
10 yemas de huevo
1 cucharada sopera de chocolate en polvo
1 dl de agua

Preparación

- Batir las yemas, añadiéndoles el café y el chocolate.
- Poner en un cazo al fuego el azúcar y el agua, haciéndolo cocer hasta obtener un jarabe espeso, a punto de bola blanda.
- Mezclar, poco a poco, con las yemas batidas, el chocolate y el café, y cuajarlo todo a fuego lento, removiendo continuamente, pues puede quemarse muy fácilmente.
- Cuando esté espeso, sin dejar de remover a intervalos, se deja enfriar.
- Una vez frío, se rellenan los barquillos con la pasta.

LIONESAS ALARGADAS CON CREMA DE CAFÉ

Para 4 personas

Ingredientes:

4 cucharaditas de café soluble
200 g de harina
100 g de azúcar glass
5 huevos
100 g de mantequilla
250 g de agua
1 corteza de limón
1 pizca de sal
2 tazas de crema de café según página 23

Preparación

- En una cacerola, verter el agua, la mantequilla, la sal, la corteza de limón y el café soluble. Llevar a ebullición.
- Echar la harina de golpe removiendo con la espátula, hasta que quede una pasta algo dura que se desprenda de las paredes de la cacerola.
- Retirar del fuego y mezclar los huevos de uno en uno. Una vez bien mezclado está lista para usar.
- Con esta pasta, puesta en boquilla rizada, se marcan trozos de unos 4 centímetros de grueso por 10 de largo, sobre una plancha plana, de horno, untada con mantequilla.
- Se espolvorean con un poco de azúcar en polvo normal. Después se coloca la plancha en horno regular y se dejan cocer.
- Una vez cocidos, se cortan longitudinalmente y se dejan enfriar, luego se rellenan con la crema de café.
- Se sirven espolvoreados de azúcar glass.

MANZANAS AL CAFÉ

Para 8 personas

Ingredientes:

8 manzanas grandes
1 taza de café muy fuerte
1 copa de coñac
75 g de azúcar
1 pizca de vainilla en polvo

Preparación:

- Limpiar las manzanas, sacarles el corazón con un saca-corazones y colocarlas en una fuente plana para horno.
- Disolver el azúcar en la taza de café, muy caliente, añadiendo la vainilla y el coñac.
- Con esta solución, llenar los huecos de las manzanas y cocer a horno medio hasta que estén hechas.
- Servir frío o templado.

MERENGUE AL CAFÉ

Para 4 personas

Ingredientes:

175 g de azúcar
Un poco más de 1/2 vaso de agua
1 palito de vainilla
8 claras de huevo
2 cucharaditas de café soluble

Preparación:

- En un cazo poner 175 g de azúcar mezclado con el café, la vainilla y el agua.
- Dejar cocer hasta adquirir el punto de bola.
- Verter poco a poco y sin dejar de batir sobre las claras, que ya estarán a punto de nieve.
- Dar otras dos vueltas con el batidor, una vez que todo el azúcar esté vertido.

MOKA 1857

Ingredientes para la torta:
8 huevos
250 g. de azúcar
250 g de harina
1 cucharadita de azúcar avainillado
2 cucharaditas de levadura
Mantequilla
Harina

Ingredientes para la crema:
2 tacitas de café fuerte
100 g de azúcar
4 yemas
200 g de mantequilla
1 pellizco de sal
Adornar con azúcar glass

Preparación:

- Separar las yemas de las claras y montar éstas junto con el pellizco de sal a punto de nieve dura.
- Incorporar el azúcar, mezclando siempre con cuidado para que no se bajen las claras.
- Añadir las yemas previamente batidas con el azúcar avainillado. A continuación la harina junto con la levadura.
- Una vez esté la pasta bien homogénea traspasarla a un molde previamente engrasado y espolvoreado de harina.
- Cocer la tarta a horno suave durante 45 minutos aproximadamente. Comprobar que está en su punto clavándole un cuchillo. Ha de salir limpio.
- Mientras, preparar la crema mezclando las yemas con el azúcar hasta que estén cremosas. Añadir el café, mezclar y cocer a fuego suave hasta que espese.
- Fuera del fuego y cuando ya esté tibia, añadir la mantequilla cortada a trocitos. Batir bien hasta conseguir una crema fina.
- Dividir la tarta en tres pisos y cubrir con crema. Recomponer y cubrirla con el resto adornando con el azúcar granulado.

NATILLAS AL CAFÉ

Ingredientes:

3/4 de litro de leche
12 yemas de huevo
400 g de azúcar
4 cucharadas soperas colmadas de maizena
1 tronquito de canela
1 tronquito de vainilla
4 cucharaditas de café soluble
12 galletas de las de helado, triangulares

Preparación:

- Hervir la leche con la canela y la vainilla.
- En una cazuela mezclar las yemas, el azúcar, la maizena y el café. Mezclar bien con la espátula.
- Verter la leche hirviendo y poner al fuego, removiendo constantemente. Cuando la crema se pegue a la espátula, que será cuando rompa a hervir, sacar del fuego y pasarla por un colador en una fuente algo honda.
- Cuando esté fría, se guarnece colocando las galletas alrededor de la fuente.

PASTEL DE BIZCOCHOS AL CAFÉ

Para 6 personas

Ingredientes:

1/2 litro de café muy fuerte
(4 cucharadas de café molido)
500 g de mantequilla
250 g de azúcar
3 yemas de huevo
30 bizcochos desmigados
50 g de chocolate en polvo

Preparación:

- Calentar la mantequilla para que se ablande, sin que se llegue a fundir.
- Mezclar bien el azúcar con la mantequilla hasta conseguir una pasta homogénea. Añadir el café.
- Añadir los bizcochos desmigados y hacer una pasta.
- Verter la pasta en un molde untado con mantequilla.
- Cocer a horno medio hasta que se ponga duro. Enfriar.
- Desmoldar y espolvorear por encima con el polvo de chocolate.
- Servir frío.

PASTEL DE CASTAÑAS AL CAFÉ

Para 8 personas

Ingredientes:

600 g de castañas
4 huevos
50 g de almendras crudas machacadas
150 g de mantequilla
250 g de azúcar
150 g de bizcochos
4 cucharaditas de café soluble

Preparación

- Después de quitarles su cáscara exterior, se escaldan las castañas y se les quita la segunda piel.
- Se ponen a cocer, a fuego lento, hasta que estén blandas. Se escurren y se pasan por un tamiz.
- El puré resultante se mezcla con las yemas de huevo, las almendras, el café, el azúcar y la mantequilla, añadiéndole los bizcochos machacados.
- Se baten las claras a punto de nieve, añadiéndolas a la mezcla, removiendo suavemente.
- Seguidamente se vierte en un molde previamente untado de mantequilla y se cuece a horno medio durante una hora.
- Servir frío.

PASTEL DE GALLETAS CON CAFÉ Y CHOCOLATE

Para 4 personas

Ingredientes:

32 galletas cuadradas o rectangulares
1/2 litro de café muy fuerte
(4 cucharaditas de café)
100 g de mantequilla
20 g de crema de leche
1/2 tubito de vainillina
50 g de azúcar
4 pastillas de chocolate
50 g de almendras tostadas y troceadas

Preparación:

- Preparar un café muy fuerte (1/2 litro).
- En una fuente plana, ir colocando las galletas, previamente mojadas muy levemente en el café, en forma de cuadrado de 2 x 4 galletas.
- Una vez hecha la primera capa, untarlas por encima con la mantequilla, batida con la crema de leche, azúcar y vainilla, formando una pequeña capa.
- Seguir haciendo capas hasta agotar las 32 galletas, dejando de untar la última capa de galletas.
- Fundir el chocolate y untar con él la capa superior de galletas.
- Esparcir por encima las almendras troceadas.
- Servir frío.

PASTEL DE MANZANA AL CAFÉ

Para 6 personas

Ingredientes:

*150 g de miga de pan blanco
150 g de azúcar
3 huevos
3 cucharaditas de café soluble
10 g de mantequilla
Raspaduras de 1 limón
4 manzanas
Azúcar glass y canela*

Preparación:

- Remojar la miga en un poco de leche sin que chorree y verterla en una cacerola con el azúcar, las yemas de los huevos batidos, la mantequilla fundida, las raspaduras de limón y el café.
- Mezclar bien y después incorporar las claras a punto de nieve fuerte, revolviendo suavemente.
- Pelar las manzanas, quitarles el corazón y cortar a láminas finas.
- Untar un molde liso con mantequilla y, en el fondo, colocar un disco de papel de barba también untado.
- Espolvorear el molde untado, con pan rallado.
- Colocar una capa de manzanas en el fondo y por encima una de pasta, y así sucesivamente, de forma que quede una última capa de pasta.
- Colocar el molde al baño María en el horno, hasta que esté cocido.
- Desmoldar y espolvorear con el azúcar glass, mezclado con canela.
Puede servirse caliente o frío.

PASTEL DE NARANJA AL CAFÉ

Para 8 personas

Ingredientes:

1/2 Kg de naranjas confitadas
4 cucharaditas de café soluble
150 g de bizcochos
100 g de azúcar
6 huevos
20 g de mantequilla
Ralladura de 1/2 limón

Preparación:

- En una fuente se mezclan las naranjas bien trituradas, 2 cucharaditas de café soluble, los bizcochos triturados, el azúcar, la raspadura del limón, las yemas de huevo y la mantequilla derretida.
- Con todo ello, se forma una masa bien mezclada y cuando esté hecha, se añaden las claras montadas a punto de nieve, revolviéndolo todo muy suavemente.
- Preparar un molde para horno, forrado con papel de barba untado con mantequilla y verter en él la pasta, bien nivelada.
- Cocer al baño María en el horno, y una vez cocido, volcar en una fuente y esparcir por encima el resto del café.
- Servir frío o caliente.

PASTEL DE QUESO AL CAFÉ CON CASTAÑAS

Para 6 personas

Ingredientes:

1 queso tierno de unos 18 cm de diámetro
4 cucharaditas de café soluble
400 g de mermelada de castañas
25 g de azúcar glass

Preparación:

- Dividir el queso en cuatro rodajas iguales, horizontalmente, procurando que no se rompan.
- Espolvorear con una cucharadita de café la rodaja que ha quedado en el plato, o sea la última. Cubrir con una capa de mermelada.
- Colocar otra rodaja encima y proseguir del mismo modo excepto con la última. De este modo quedará un pastel de cuatro partes de queso y tres de mermelada.
- Mezclar la última cucharadita de café con el azúcar glass y espolvorear por encima del pastel.

PASTELITOS DE CAFÉ A LA MENTA

Para 6 personas

Ingredientes para la pasta

250 g de harina
1 cucharadita de levadura en polvo
1 taza de coco rallado
4 cucharadas soperas de melaza
180 g de mantequilla

Ingredientes para la crema de café y menta:

300 g de azúcar glass o pasado por el molinillo
50 g de mantequilla
3 cucharadas soperas de leche
1 cucharadita de esencia de menta
2 cucharaditas de café soluble

Preparación

- En un bol, se mezclan el azúcar, la mantequilla, la leche, la menta y el café, hasta conseguir una pasta homogénea.
- Se mezclan la harina, la levadura, el coco, la melaza y la mantequilla fundida.
- Bien mezclado, se pone en un molde cuadrado, plano, aplastándolo bien.
- Cocer al horno, a temperatura media, durante 20 minutos. Desmoldar.
- Antes de que esté frío, verter por encima la crema confeccionada, repartiéndola bien.
- Dejar enfriar y cortar a cuadraditos.

PASTELITOS RELLENOS DE CREMA DE CAFÉ

Para 8 personas

Ingredientes:

8 yemas de huevo
50 g de azúcar glass
8 cucharadas soperas de café molido
50 g de azúcar normal
400 g de mantequilla
64 galletas María

Preparación:

- Con el café preparado y el azúcar normal, preparar un jarabe a punto de hebra.
- En un cazo aporcelanado, batir las yemas de huevo y el azúcar glass.
- Colocar el cazo al baño María, a no más de 50º y añadir, poco a poco, y sin parar de remover, el jarabe de café.
- Cuando se haya logrado una crema fina apartar del fuego y seguir batiendo hasta que esté tibia.
- Una vez tibia verter la crema en una tarrina donde se habrá aplastado la mantequilla y trabajar la mezcla hasta obtener una pasta fina y homogénea.
- Con esta pasta se untan las galletas de una capa bastante regular y se cubren con otra galleta.
- Se sirven frías.

PERAS AL CAFÉ

Para 4 personas

Ingredientes:

4 peras grandes
1 vaso de leche
100 g de azúcar
2 cucharaditas de café soluble
1 cucharadita de harina de maíz
2 yemas de huevo
1 limón
1 copita de ron

Preparación

- Pelar las peras y cocerlas con un poco de agua, la mitad del azúcar y el zumo del limón. Escurrir.
- Mezclar la leche con el café soluble, el resto del azúcar y harina de maíz disuelta con un poco de agua fría. Cocer, removiendo hasta que la crema se espese.
- Fuera del fuego, añadir las yemas batidas y el ron. Dejar enfriar y verter sobre las peras colocadas en una fuente honda.
- Servir.

PLÁTANOS CARIOCOS AL CAFÉ

Para 4 personas

Ingredientes:

4 plátanos grandes y duros
50 g de harina
1 cucharadita de levadura en polvo
1/2 cucharadita de sal
50 g de azúcar
1 huevo batido
3 cucharadas soperas de leche
2 cucharadas soperas de mantequilla fundida
Crema de café según página 23

Preparación:

- Mezclar la harina, la levadura, la sal y el azúcar.
- Mezclar el huevo batido, la leche y la mantequilla fundida.
- Mezclar las dos preparaciones, que deben quedar como una pasta bastante espesa. En caso de que no quede bastante espesa, añadir algo más de harina.
- Cortar los plátanos, longitudinalmente por la mitad.
- En una sartén al fuego, con bastante aceite, freír los trozos de plátano rebozados con la pasta preparada hasta que queden bien dorados.
- Colocarlos en una fuente, y recubrirlos con la crema de café.
- Servir frío.

PLUM-CAKE AL CAFÉ

Para 6 personas

Ingredientes:

150 g de harina
150 g de azúcar
150 g de mantequilla
4 huevos
125 g de pasas de Corinto
1 copita de ron
Corteza de limón rallada
2 cucharadas soperas rasas de café soluble
1 cucharadita de levadura
200 g de guindas confitadas

Preparación:

- Trabajar la mantequilla y el azúcar hasta que la pasta esté cremosa.
- Después, uno a uno, se mezclan los huevos con la pasta anterior, añadiendo la levadura.
- Verter, poco a poco, la harina tamizada, el café soluble, el ron, las pasas y las raspaduras de limón.
- Forrar un molde trapezoidal con papel de barba engrasado con mantequilla y verter la pasta en su interior.
- Distribuir por encima las guindas cortadas por la mitad.
- Colocar en el horno caliente durante unos 30 minutos.
- Se sabe si está en su punto cuando al introducir un cuchillo puntiagudo éste sale limpio.
- Quitar el papel y servir frío.

PLUM-CAKE AL CAFÉ CON CHOCOLATE

Para 6 personas

Ingredientes:

3 pastillas de chocolate raspadas o en polvo
150 g de azúcar
150 g de harina
150 g de mantequilla
4 huevos
125 g de pasas de Corinto
1 copita de ron
Corteza de limón rallada
2 cucharadas soperas rasas de café soluble
1 cucharadita de levadura en polvo

Preparación:

- Trabajar la mantequilla y el azúcar hasta que la pasta esté cremosa.
- Después, uno a uno, se mezclan los huevos con la pasta anterior, añadiendo la levadura.
- Verter, poco a poco, la harina tamizada, el café soluble disuelto en el ron, las pasas, las raspaduras de limón y el chocolate.
- Forrar un molde de cake con papel de barba engrasado con mantequilla y verter la pasta en su interior.
- Colocar en el horno caliente durante unos 45 minutos.
- Se sabe si está en su punto cuando, al introducir un cuchillo puntiagudo, éste sale limpio.
- Quitar el papel y servir frío.

PUDDING DE PAN CON CAFÉ Y CHOCOLATE

Para 6 personas
Ingredientes:

1 taza de nata montada
50 g de pasas de Málaga
15 g de mantequilla
2 cucharadas soperas de café soluble
1 tronco de vainilla

100 g de chocolate
1/2 litro de leche
25 g de pan tostado
175 g de azúcar
4 huevos

Preparación:

- Poner las pasas en remojo con agua caliente, quitarles las pepitas y trincharlas.
- Cocer la leche con la vainilla.
- Tostar al horno varias rebanadas de pan sin corteza, del día anterior. Deben cortarse muy finas.
- Rallar unos 80 g de chocolate y añadir a la leche hirviendo, una vez quitada la rama de vainilla. Remover y retirar del fuego.
- En una cacerola batir los huevos, el azúcar y el café, añadiendo después la leche chocolateada, removiendo bien.
- Forrar un molde liso con papel de barba untado con mantequilla.
- Colocar capas de rebanadas de pan y de pasas trinchadas, alternativamente, hasta tres veces, teniendo cuidado de que la última sea de pan.
- Verter la preparación efectuada con leche, chocolate, huevos, azúcar y café, y meter en el horno caliente de 25 a 30 minutos.
- Colocar el postre en una fuente, quitando la hoja de papel.
- Guarnecer por encima, una vez frío, con la nata montada, y adornar con el resto del chocolate rallado.

SOUFFLÉ DE CAFÉ

Para 4 personas

Ingredientes:

1/4 de litro de claras de huevo
100 g de crema casera (al huevo)
3 cucharadas soperas de café soluble
20 g de azúcar

Preparación:

- Montar las claras a punto de nieve y añadir el azúcar.
- Mezclar un poco de clara a la crema casera junto con el café soluble e incorporar a las claras batidas, revolviendo muy suavemente.
- Untar un molde de soufflé con mantequilla, espolvoreándolo después con azúcar.
- Verter la mezcla en su interior y cocer a horno fuerte (200º) entre 15 y 20 minutos.

TARTA DE CAFÉ

Para 4 personas

Ingredientes para el bizcocho:

3 huevos
100 g de harina
100 g de azúcar
1 cucharadita de postre de levadura

Crema de café

4 cucharadas de café molido
500 g de mantequilla
200 g de azúcar
2 yemas de huevo

Preparación:

- Preparar un bizcocho en un molde redondo.
- Dejarlo cocer al horno unos 40 minutos.
- Dejarlo enfriar y partir por la mitad horizontalmente.
- Preparar una crema de la siguiente forma:
  – Preparar un café exprés con una sola tacita de agua.
  – Mezclar las dos yemas con el café ya frío.
  – Batir la mantequilla con el azúcar a punto de crema y agregarla a la mezcla de huevo y café, batiéndola con energía.
- Con esta crema, cubrir la parte inferior del bizcocho, con un grosor de 1 cm.
- Tapar con la otra mitad del bizcocho y cubrirlo con más crema. Alisar y adornar con nata montada si gusta

TARTA DE CAFÉ CON ALMENDRAS

Para 4 personas

Ingredientes:

4 huevos
125 g de azúcar
125 g de harina
1 cucharadita de café soluble
1 tubito de vainillina
Raspaduras de medio limón
1 copita de ron
100 g de almendras tostadas
25 g de mantequilla cortada en dados
100 g de chocolate

Preparación:

- En un perol, mezclar los huevos batidos con el azúcar, el café, la vainillina, la raspadura de limón y el ron.
- Una vez bien mezclado, añadir la harina, poco a poco; mezclar.
- En un molde untado con mantequilla, verter la mezcla y cocer a horno suave.
- Desmoldar y cubrir por encima con el chocolate fundido al baño María junto con la mantequilla.
- Espolvorear con las almendras tostadas partidas en pedazos grandes.
- Servir.

TARTA DE CREMA DE CAFÉ

Para 6 personas

Ingredientes para la pasta:

200 g de harina
100 g de mantequilla
4 yemas de huevo
1 pizca de sal

Ingredientes para la crema:

150 g de almendras molidas
75 g de mantequilla
3 huevos
225 g de azúcar
1 cucharadita de café soluble
1 copita de kirsch

Preparación:

- Preparar la pasta y, después de trabajarla, dejarla en reposo envuelta en una servilleta unos 20 minutos.
- Estirar con un rodillo y forrar un molde de tarta pinchando el fondo con un tenedor.
- Separar las yemas y batirlas con el azúcar, hasta obtener una mezcla homogénea y suave; añadir el café soluble, la mantequilla, las almendras y el kirsch, y seguir batiendo hasta conseguir una crema fina.
- Incorporar las claras a punto de nieve y remover.
- Rellenar el molde y cocer a horno suave durante 20 minutos.
- Servir fría.

TARTA NAPOLITANA AL CAFÉ

Ingredientes crema:
225 g de azúcar
150 g de almendras molidas
75 g de mantequilla
3 huevos
1 cucharadita de café soluble
1 copita de grappa

Ingredientes pasta
200 g de harina
100 g de mantequilla
4 yemas de huevo
5 g de sal

Preparación pasta:

- Mezclar los ingredientes de la pasta, trabajarla bien y dejarla reposar de 15 a 20 minutos envuelta en una servilleta.
- Forrar un molde de tarta previamente engrasado con mantequilla. Una vez forrado, pinchar el fondo con un tenedor.
- Colocar al horno caliente y cocer a temperatura media durante 30 minutos.
- Desmoldar y dejar enfriar.

Preparación crema:

- Separar las yemas de las claras.
- Mezclar las yemas con el azúcar hasta obtener una mezcla homogénea.
- Añadir el café soluble, la mantequilla batida, las almendras y la grappa.
- Seguir batiendo hasta homogeneizar la mezcla.
- Añadir las claras batidas a punto de nieve y revolver suavemente.
- Verter toda la mezcla en el interior de la tarta y cocer a horno suave 20 minutos.
- Servir fría.

TARTA CON NARANJA AL CAFÉ

Para 4 personas

Ingredientes:

250 g de harina
125 g de mantequilla
5 g de sal
2 huevos
1 cucharadita de levadura
50 g de azúcar

Ingredientes para la crema

1 naranja
200 g de mermelada de naranja
200 g de crema de café (tal como se explica en la tarta de café)

Preparación:

- Mezclar los ingredientes de la masa y dejar reposar envuelta durante una hora en el refrigerador.
- A continuación, extender la masa y forrar el molde con ella, previamente untado con mantequilla y espolvoreado de harina.
- Cocer en el horno unos 25 minutos hasta que esté dorada.
- En un cazo, mezclar la mermelada y la crema de café.
- Una vez desmoldada la pasta ya cocida y de haberla dejado enfriar, rellenarla con la mezcla anterior.
- Decorar con rodajas de naranja.

TARTA NIÇOISE AL CAFÉ CON CHOCOLATE

Para 4 personas.

Ingredientes:
1/2 litro de leche
6 yemas de huevo
150 g de azúcar
1 vaina de vainilla
3 cucharadas soperas de café molido fino
20 bizcochos
4 hojas de gelatina
500 g de nata
1 tubito de vainillina
50 g de azúcar glass o pasado por el molinillo
50 g de chocolate rallado

Preparación de la crema:

- Hervir la leche con la vainilla en una perola, añadirle el café y dejar tapado en infusión mientras se preparan los demás ingredientes.
- Batir el azúcar con las yemas de huevo, incorporar las hojas de cola de pescado previamente lavadas con agua fría y la leche poco a poco mezclando bien.
- Poner al fuego, removiendo constantemente sin llegar a ebullición. Retirar y colar en una fuente.
- Una vez fría, mezclar, poco a poco, la nata montada.
- En un molde a propósito se echan 10 bizcochos desmigados, finos, e inmediatamente una capa del preparado anterior. Luego, otra capa de bizcocho desmigado y, por último, el resto del preparado.
- Dejar solidificar y después verter en una fuente espolvoreando por encima con el chocolate mezclado con el azúcar glass.

TARTA DE QUESO Y MIEL AL CAFE

Para 4 personas

Ingredientes:

3 cucharaditas de café soluble
250 g de requesón
2 yogures naturales
2 huevos
150 g de harina
1/2 tubito de vainillina
3 cucharadas soperas de miel
1 cucharadita de levadura

Preparación

- Mezclar las yemas de los huevos con la miel hasta conseguir una mezcla homogénea.
- Añadir el café y los yogures y mezclar.
- Añadir la levadura, el requesón chafado y, poco a poco, la harina y la vainillina. Remover.
- Untar un molde desmontable con mantequilla y verter la pasta.
- Cocer a horno caliente hasta que, al pinchar con un cuchillo, éste salga seco.

TRONCO A LA CREMA DE CAFÉ

Para 4 personas

Ingredientes:

8 yemas de huevo
125 g de azúcar
50 g de almendras crudas molidas
50 g de almendras tostadas molidas
(tener cuidado de que no formen una pasta)
125 g de harina
8 claras de huevo bien montadas
Azúcar glass
Crema de café según página 23

Preparación

- Mezclar las yemas con el azúcar.
- Incorporar las almendras y la harina. Mezclar.
- Poco a poco, echar las claras removiendo suavemente.
- En una plancha grande forrada de papel de barba untado con mantequilla, extender la pasta uniformemente y cocer a horno fuerte.
- Volcar el bizcocho sobre un paño espolvoreado de azúcar glass y enrollarlo. Dejar enfriar.
- Una vez frío, extender sobre la superficie la crema de café según página 23 y enrollar.
- Cortar las puntas para igualarlo y espolvorear con azúcar glass.

HELADOS

CAFÉ ESCARCHADO

Para 4 personas

Ingredientes:

4 cucharadas soperas de café molido (mezcla)
200 g de azúcar
4 cucharadas de nata

Preparación:

- Preparar un café exprés corto y añadirle el azúcar, removiendo hasta que esté disuelto.
- Verter en el recipiente de cubitos del congelador y dejar helar.
- Revolver la preparación completamente para romper los cristales y volver al congelador.
- Repetir esta operación dos veces más y guardar hasta el momento de servir.
- Verter en cuatro copas grandes y adornar con la nata.

CAFÉ ESPUMOSO HELADO

Para 4 personas

Ingredientes:

3 huevos
3 cucharadas de azúcar
1 cucharada de café soluble
200 g de nata montada y granos de café para decorar

Preparación:

- Bate las yemas con el azúcar hasta que estén cremosas.
- Cuécelo al baño María, sin dejar de batir hasta que espese. Añade el café soluble, remuévelo, déjalo enfriar y agrega la nata.
- Monta las claras a punto de nieve fuerte e incorpóralas a la mezcla anterior, procurando que no se bajen.
- Repártelo en copas de cristal y déjalo en el congelador una hora y media como mínimo.
- Retíralo unos 20 m. antes de servirlo y decóralo con la nata y granos de café.

CORONA DE HELADO AL CAFÉ

Ingredientes:

1/2 litro de helado de chocolate
1/2 litro de helado de vainilla
4 cucharaditas de café soluble
200 g de nata montada

Preparación:

- Verter en pequeñas compoteras individuales una capa de helado de chocolate.
- Verter por encima una de vainilla.
- Adornar en forma de corona con la nata montada.
- Espolvorear el café en el centro de la compotera.

CUBITOS DE CAFÉ

Ingredientes:

2 vasos de café bien fuerte
4 cucharaditas de azúcar
2 cucharaditas de cacao soluble

Preparación:

- Mezclar todos los ingredientes cuando el café esté todavía caliente.
- Dejar enfriar y verter en una cubitera.
- Una vez helado servir acompañando la leche bien fría.

GRANIZADO DE CAFÉ

Para 4 personas

Ingredientes:

4 cucharadas de café molido (mezcla)
8 cucharaditas de azúcar

Preparación:

- Hacer un café largo y dejarlo enfriar.
- Verter en una bandeja de cubitos y helar en el congelador.
- Revolver la preparación completamente para romper los cristales y volver al congelador.
- Repetir esta operación dos veces más y guardar hasta el momento de servir.
- Verter en copas y servir.

HELADO DE CAFÉ

Para 4 personas

Ingredientes:

3/4 de litro de leche
9 yemas
300 g de azúcar
4 cucharaditas de café soluble
1 ramita de vainilla

Preparación:

- Cocer la leche junto con la vainilla y dejar reposar unos minutos para que se perfume.
- Mientras, mezclar las yemas con el azúcar y el café soluble.
- Añadir la leche y batir para que se mezclen bien todos los ingredientes.
- Cocer lentamente removiendo con una cuchara de madera hasta que espese. Retirar del fuego y dejar enfriar.
- Pasar por un colador y ponerlo en una bandeja para hielo o en un molde. Tapar con papel de aluminio y dejar congelar durante 30 minutos.
- Revolver la preparación completamente para romper los cristales y volver al congelador.
- Repetir esta operación dos veces más y guardar hasta el momento de servir.

HELADO DE CAFÉ Y CHOCOLATE

Para 4 personas

Ingredientes:

3/4 de litro de helado de chocolate
4 cucharaditas de café soluble
200 g de nata montada

Preparación:

- Mezclar el helado con el café.
- Verter en copas y adornar con nata montada. Helar.

HELADO DE CAFÉ IMPERIAL

Para 4 personas

Ingredientes:

1/2 litro de crema de café, helada en sorbetera
1/2 litro de helado de vainilla
200 g de nata montada
4 cucharaditas de ron

Preparación:

- En copas grandes, repartir en el fondo el helado de vainilla.
- Repartir encima la crema de café helada.
- Adornar con la nata y verter una cucharadita de ron por encima.

HELADO DE CAFÉ AL KUMEL

Para 4 personas

Ingredientes:

3/4 de litro de crema de café, helada en sorbetera
200 g de nata montada
4 cucharaditas de azúcar glass
4 copitas de Kumel

Preparación:

- Verter y repartir el helado de café en cuatro copas.
- Colocar encima del helado la nata montada.
- Espolvorear con azúcar glass y verter el Kumel por encima.

HELADO DE CASTAÑAS AL CAFÉ

Para 4 personas

Ingredientes:

1/2 litro de helado de vainilla
1/2 kilo de castañas
100 g de azúcar
4 cucharaditas de café soluble
4 cucharadas de nata

Preparación:

- Pelar las castañas y hervirlas en un cazo con medio litro de agua y el azúcar hasta casi reducir el agua.
- Chafar las castañas y añadir el café. Enfriar en el refrigerador.
- Mezclar, una vez frías, las castañas con el helado.
- Verter en un recipiente y volver a helar 30 minutos. Volver a batir y servir con una cucharada de nata por encima.

HELADO DE CREMA DE CAFÉ

Para 4 personas

Ingredientes:

6 cucharaditas de café soluble
3 tacitas de agua
4 cucharaditas de leche en polvo
50 g de azúcar
300 g de helado de vainilla
300 g de nata montada
Canela en polvo

Preparación:

- Disolver en el agua hirviendo el café, la leche y el azúcar
- Dejar enfriar en la nevera 3 ó 4 hora.
- Poner el helado en una fuente honda y ablandarlo, mezclándolo con la preparación de café.
- Una vez bien unido, mezclar la mitad de la nata montada.
- Adornar alrededor con nata montada espolvoreada de canela.
- También se puede verter en moldes individuales y servirse en platos adornados de la misma forma.

HELADO DE CROCANTI AL CAFÉ

Para 8 personas:

Ingredientes:

*8 bolas grandes de helado de crocanti
200 g de nata montada muy fría
8 cucharaditas de café soluble
50 g de azúcar glass*

Preparación:

- Colocar en el fondo de unas copas de helado una bola del helado de crocanti.
- Por encima, esparcir una cucharadita de café soluble, cubriendo después con la nata montada.
- Esparcir el azúcar glass por encima de la nata.
- Servir enseguida.

HELADO DE NATA Y CAFÉ

Para 4 personas

Ingredientes:

1 litro de nata
5 claras de huevo
50 g de azúcar
4 cucharaditas de café soluble
1 copita de kirsch

Preparación:

- Montar la nata y añadir el café y el kirsch
- Montar las claras y añadir el azúcar, mezclando bien.
- Verter las claras, poco a poco, removiéndolas en la nata.
- Poner en el molde durante 30 minutos.
- Revolver la preparación completamente para romper los cristales y volver al congelador.
- Repetir esta operación dos veces más y guardar hasta el momento de servir.

HELADO DE PASAS AL CAFÉ

Para 4 personas

Ingredientes helado:

3/4 de litro de leche
9 yemas de huevo
300 g de azúcar
100 g de pasas de Corinto remojadas con coñac o brandy
1 ramita de vainilla

Ingredientes crema:

3 cucharaditas de café
100 g de mantequilla
2 huevos
50 g de azúcar

Preparación:

- Confeccionar un helado según página 57, pero en vez de incorporar el café, hacerlo con las pasas trituradas y no pasarlo por el colador.
- Mezclar las yemas de los dos huevos con el azúcar y la mantequilla ablandada. Trabajar hasta que quede todo bien fino.
- Mezclar con las claras montadas a punto de nieve, habiendo añadido el café.
- Colocar el helado en copas grandes y cubrir con la crema de café.

MOUSSE DE CAFÉ A LA ITALIANA

Para 4 personas

Ingredientes:

3 huevos
125 g de azúcar
200 g de nata montada
2 cucharaditas de café soluble
3 cucharadas de Grand Marnier
1 cucharadita de ralladura fina de naranja

Preparación:

- Trabaja, al baño María, las yemas con el azúcar hasta que resulten cremosas.
- Añade el café soluble disuelto en el licor y la ralladura de naranja y mézclalo bien.
- Una vez frío incorpora cuidadosamente la nata y las claras batidas a punto de nieve fuerte.
- Repártelo en copas de cristal y déjalo en el refrigerador hasta el momento de servirlo.

MOUSSE HELADA AL CAFÉ

Para 4 personas

Ingredientes:

400 g de nata
4 claras de huevo
4 cucharaditas de café soluble
4 cucharaditas de azúcar glass
4 cucharaditas de azúcar normal
1/2 tubito de vainillina

Preparación:

- Mezclar el azúcar con la nata bien montada, el café y la vainillina.
- Montar las claras a punto de nieve y mezclar, poco a poco, con la nata montada ya preparada.
- Revolver la preparación completamente para romper los cristales y volver al congelador.
- Repetir esta operación dos veces más y guardar hasta el momento de servir.
- Repartir en copas espolvoreadas con el azúcar glass y servir.

MOUSSE HELADA DE NARANJA AL CAFÉ

Para 4 personas

Ingredientes:

4 naranjas
4 cucharaditas de café soluble
4 cucharadas soperas de azúcar
1 copita de kirsch
200 g de nata
4 claras de huevo

Preparación:

- Exprimir las naranjas y reservar la piel de dos, procurando que no les quede nada de blanco.
- Pasar por la batidora el jugo de las mismas, el azúcar, el kirsch y las pieles que hemos reservado cortadas a trocitos.
- Helar durante 30 minutos, mientras, montar la nata muy dura y las claras a punto de nieve.
- Pasar el jugo a un cuenco.
- Añadirle la nata y las claras alternando a cucharadas y mezclar.
- Volver a helar tapándolo bien y al cabo de otra media hora batir de nuevo.
- Distribuir en copas individuales y espolvorear con el café soluble.

MOUSSE NORMANDA

Para 4 personas

Ingredientes:

400 g de nata montada
175 g de azúcar
50 g de almendras crudas
2 cucharadas de café soluble
1 cucharadita de vainilla en polvo

Preparación:

- Disuelve el café en 4 cucharadas de agua; añade 150 g de azúcar y cuécelo, al baño María, hasta que empiece a espesar.
- Una vez tibio, mézclalo con la nata y la vainilla, repártelo en copas y déjalas en el refrigerador.
- En un cazo al fuego, pon el resto del azúcar y cuando empiece a fundirse, añade las almendras fileteadas; remuévelo hasta que queden caramilizadas y déjalas enfriar.
- Sirve la «mousse» decorada con las almendras.

MOUSSE DE QUESO Y CAFÉ

Para 4 personas

Ingredientes:

250 g de queso tierno
200 g de nata
2 cucharaditas de café soluble
3 cucharaditas de azúcar
2 claras de huevo
1/2 tubito de vainillina

Preparación:

- Mezclar el queso con el café, el azúcar y la vainillina.
- Batirlo bien hasta obtener una crema muy fina.
- Añadir la nata y las claras a punto de nieve muy suavemente.
- Verter en copas altas y dejarlas en el refrigerador hasta que cuajen.
- Servir.

SORBETE DE CAFÉ A LA MENTA

Para 4 personas

Ingredientes:

1/2 litro de almíbar espeso
75 g de azúcar
3 claras de huevo
4 copitas de licor de menta peppermint
4 cucharadas de café soluble
4 ramitas de menta tierna

Preparación:

- En una cacerola al fuego, coger el azúcar con la cuarta parte de un vaso de agua. Dejar cocer hasta el punto de bola dura.
- Montar las claras de huevo, a punto de nieve muy dura.
- Mezclar, poco a poco, el azúcar diluido con las claras, batiendo sin cesar y, al final, darle dos o tres vueltas.

Preparación sorbete:

- Preparar almíbar espeso.
- Mezclar el peppermint, el café y, poco a poco, el merengue, y finalmente helarlo según costumbre.
- Se sirve adornado con las ramitas de menta.

SORBETE DE CAFÉ AL RON

Para 4 personas

Ingredientes:

1/2 litro de almíbar espeso
1 corteza de limón
75 g de azúcar
3 claras de huevo
4 copitas de ron
4 cucharaditas de café soluble

Preparación merengue italiano:

- En una cacerola al fuego, cocer el azúcar con la cuarta parte de un vaso de agua. Dejar cocer hasta el punto de bola dura.
- Montar las claras de huevo, a punto de nieve muy dura.
- Mezclar, poco a poco, el azúcar diluido con las claras, batiendo sin cesar y, al final, darle dos o tres vueltas.

Preparación sorbete:

- Preparar un almíbar espeso aromatizado con el limón.
- Mezclar el ron, el café y, poco a poco, el merengue, y finalmente helarlo procediendo como en la página 57.

SORBETE DE PIÑA CON CAFÉ

Para 4 personas

Ingredientes:

3/4 de litro de jarabe a 20º de densidad
1 piña natural
1/4 de limón
6 cucharaditas de café soluble

Preparación:

- Preparar un jarabe a 20º de densidad.
- Pelar la piña y separar una cuarta parte de ella.
- En la licuadora, licuar las tres cuartas partes de la piña junto con el cuarto de limón. Colar.
- Mezclar el jarabe con la piña licuada, el café y añadir el cuarto de piña, cortado a trocitos pequeños.
- Repartir en moldes y helar.

BEBIDAS

BATIDO DE CAFÉ

Para 8 personas

Ingredientes:

1 litro de leche
1 tubito de vainillina
2 copas de licor de naranja
4 cucharaditas de café soluble
200 g de azúcar
4 cubitos de hielo

Preparación:

- Disolver el azúcar en la leche hirviendo y añadir la vainillina.
- Dejar enfriar e introducir en la nevera.
- En la batidora verter la leche, muy fría, el licor de naranja y cuatro cubitos de hielo.
- Una vez bien batido, verter en copas alargadas y espolvorear por encima el café soluble.

BATIDO DE PLÁTANOS AL CAFÉ

Para 4 personas

Ingredientes:

*4 cucharadas soperas de café molido
2 plátanos maduros
400 ml de leche
Azúcar y canela en polvo*

Preparación:

- Preparar un café medio largo.
- Repartir en 4 copas altas.
- Batir los plátanos con la leche y azucarar a voluntad.
- Verter el batido en las 4 copas, encima del café.
- Espolvorear con la canela.

CAFÉ AMERICANO

Para 4 personas

Ingredientes:

4 cucharadas soperas de café molido
3/4 de litro de agua

Preparación:

- Se trata de un café largo que se toma a todas horas, incluso en las comidas y, generalmente, sin endulzar.

CAFÉ ANTILLANO

Para 4 personas

Ingredientes:

4 cucharadas de café molido (mezcla)
4 cucharadas de licor de caña
1 pizca de canela en polvo

Preparación:

- Preparar un café exprés, corto.
- En caliente, poner una pizca de canela.
- Añadir el licor de caña.
- Endulzar a voluntad.

CAFÉ CALIPSO

Para 4 personas

Ingredientes:

4 cucharadas de café molido (mezcla)
4 cucharaditas de melaza
4 copas de Bacardí

Preparación:

- Preparar un café fuerte para 4 personas.
- Poner una cucharadita de melaza en cada tacita y una copita de Bacardí.
- Verter el café muy caliente.

CAFÉ CANELADO

Para 4 personas

Ingredientes:

4 cucharadas de café molido (mezcla)
Una pizca de canela en polvo
2 ramitas de canela

Preparación:

- Preparar un café exprés.
- Añadir en caliente una pizca de canela.
- Servir con media ramita de canela en cada taza.

CAFÉ AL CARAMELO

Para 4 personas

Ingredientes:

4 cucharadas soperas de café molido (mezcla)
4 cucharadas soperas de caramelo líquido
4 cucharadas soperas de crema de leche

Preparación:

- Preparar un café largo y verter el caramelo.
- Verter en cuatro tazas, muy caliente.
- Poner por encima la crema de leche.

CAFÉ CARAQUEÑO

Para 4 personas

Ingredientes:

4 cucharadas de café molido (mezcla)
1 cucharada de cacao molido
4 cucharaditas de melaza
4 cucharaditas de Curaçao

Preparación:

- Mezclar el café (mezcla) con el polvo de cacao.
- Con esa mezcla preparar el café.
- Poner en cada taza una cucharadita de melaza y otra de curaçao.
- Mezclar y verter el café muy caliente.

CAFÉ CAPUCHINO

Para 8 personas

Ingredientes:

1 litro de leche
6 cucharadas soperas de café molido (mezcla)
Canela en polvo, o bien piel de naranja rallada

Preparación:

- Preparar el café utilizando leche en vez de agua.
- Servir añadiendo canela en polvo o raspadura de piel de naranja.
- Endulzar a voluntad.

CAFÉ AL COÑAC

Para 4 personas

Ingredientes:

4 cucharadas de café molido (mezcla)
4 copas de Martell, Napoleón o Courvoisier
4 terrones de azúcar

Preparación:

- Preparar un café exprés, corto.
- Tomar 4 tazas y verter una copita de coñac en cada una.
- Poner en una cucharita un terrón de azúcar, mojarla en el coñac y prender fuego.
- Introducir el terrón, poco a poco, en el coñac de la tacita hasta que prenda del todo.
- Dejar arder unos 5 minutos.
- Verter el café muy caliente.

CAFÉ CURAÇAO

Para 4 personas

Ingredientes:

4 cucharadas de café molido (mezcla)
4 copitas de curaçao
1 naranja mediana
4 cucharadas de melaza

Preparación:

- Preparar un café largo y endulzar con la melaza.
- Partir la naranja en rodajas.
- Escoger las 4 más regulares y colocar una en cada taza.
- Verter el curaçao
- Verter el café muy caliente

CAFÉ «CHAMPS ELYSEÉS»

Para 4 personas

Ingredientes:

4 cucharadas de café molido (mezcla)
4 cucharadas de Parfait Amour
8 cucharadas de nata montada
4 cucharaditas de jarabe de grosella
4 cucharaditas de azúcar

Preparación

- Preparar un café exprés medio largo.
- Repartirlo en 4 tazas.
- Colocar, repartida, la nata montada.
- Verter el licor por encima.
- Verter el jarabe de grosella.
- Espolvorear con el azúcar.

CAFÉ «CHÂTEAU»

Para 4 personas

Ingredientes:

4 cucharadas de café molido (mezcla)
4 copitas de licor de cerezas
4 cucharaditas de crema Chantilly

Preparación:

- Preparar un café fuerte para 4 tacitas.
- Poner el licor en las tazas y verter el café muy caliente.
- Verter por encima de cada taza una cucharadita de crema.

CAFÉ AL CHOCOLATE

Para 4 personas

Ingredientes:

4 cucharadas soperas de café molido
2 cucharaditas de cacao en polvo (soluble)
Canela

Preparación:

- Mezclar el café con el cacao.
- Proceder a confeccionar un café normal.
- Después de servir, aromatizar con una pizca de canela.
- Endulzar a voluntad.

CAFÉ DANÉS

Para 4 personas

Ingredientes:

4 cucharadas de café molido
4 cucharadas de kumel
8 cucharadas de crema de leche
1 yema de huevo

Preparación:

- Batir la crema de leche con la yema y el kumel.
- Repartir la mezcla en 4 tazas.
- Verter el café muy caliente.
- Endulzar a voluntad.

CAFÉ «DU MATIN»

Para 4 personas

Ingredientes:

4 cucharadas de café molido (mezcla)
3/4 de litro de leche completa
Azúcar

Preparación:

- Preparar un café largo.
- Repartir en 4 bols o tazas grandes.
- Hervir la leche hasta que saque espuma.
- Verter la leche por encima del café, procurando que caiga espuma en cada taza o bol.
- Endulzar a voluntad.

CAFÉ ESCOCÉS

Para 4 personas

Ingredientes:

4 cucharadas soperas de café molido (mezcla)
8 cucharaditas de café de azúcar
3/4 de litro de agua
200 g de crema de leche
4 copitas de whisky

Preparación:

- Preparar un café exprés largo.
- En 4 vasos previamente calentados, poner dos cucharadas de azúcar y el whisky (1 copita por vaso).
- Verter el café muy caliente y remover.
- Colocar encima la crema de leche, procurando que esté muy fría.

CAFÉ FLAMBEADO

Para 6 personas

Ingredientes:

1/4 de litro de aguardiente de caña
1/4 de litro de ron negro
1/4 de litro de coñac
1/4 de litro de café (puro, sin azúcar, caliente)
25 a 30 terrones de azúcar
1 bastoncillo de canela
La piel de medio limón

Preparación:

- En el centro de una cazuela mediana de barro poner los terrones de azúcar.
- Verter la caña, el ron y el coñac.
- Introducir la canela y la piel del limón.
- Prender fuego al azúcar embebido de alcohol y dejar arder durante diez minutos, removiendo suavemente con una cuchara.
- Cuando las llamas decrecen en intensidad, verter en la cazuela el café ya preparado, remover un poco más y servir con el cucharón, en tazas de café.

CAFÉ INDIANO

Para 4 personas

Ingredientes:

4 cucharadas de café molido
4 cucharadas de melaza
4 cucharadas de ron
1 cucharadita rasa de maizena
4 cucharadas de leche de coco

Preparación:

- Preparar un café largo y endulzado con la melaza.
- Verter el ron.
- Desleír la maizena con la leche de coco y cocer hasta que espese.
- Repartir la crema en cuatro tazas y verter por encima el café caliente.

CAFÉ IRLANDÉS

Para 4 personas

Ingredientes:

*4 cucharadas soperas de café molido (mezcla)
8 cucharaditas de café de azúcar
3/4 de litro de agua
200 g de nata montada
4 copitas de whisky*

Preparación:

- Preparar un café exprés largo.
- En 4 vasos previamente calentados, poner dos cucharadas de azúcar y el whisky (1 copita por vaso).
- Verter el café muy caliente y remover.
- Colocar encima la nata montada, procurando que esté muy fría.
- Beber "filtrado" con los labios, de modo que se tome la mezcla café-whisky a través de la nata.

CAFÉ AL JENGIBRE

Para 4 personas

Ingredientes:

4 cucharadas soperas de café molido
1 pizca de jengibre
4 cucharaditas de miel
4 cucharaditas de nata

Preparación:

- Mezclar el café con el jengibre y preparar un café corto.
- Poner en las tazas la miel.
- Verter el café y decorar con la nata.

CAFÉ MADAME

Para 4 personas

Ingredientes:

4 cucharadas de café molido (mezcla)
4 cucharadas de Marie Brizard
4 cucharadas colmadas de nata
4 cucharaditas de azúcar

Preparación:

- Preparar un café muy corto.
- Repartirlo en 4 tazas.
- Colocar encima la nata montada.
- Esparcir el azúcar.
- Verter por encima el Marie Brizard.

CAFÉ A LA MIEL

Para 4 personas

Ingredientes:

4 cucharadas de café molido
2 ramitas de canela
Miel

Preparación:

- Preparar un café normal.
- Poner 2 cucharaditas de miel en cada vaso y media ramita de canela.
- Verter el café muy caliente.

CAFÉ NAPOLITANO

Para 4 personas

Ingredientes:

4 cucharadas de café molido (mezcla)
2 yemas de huevo
4 cucharadas de crema de leche
4 cucharadas soperas de azúcar
1/2 tubito de vainillina

Preparación:

- Trabajar las yemas y el azúcar hasta hacer una pasta, añadiendo la vainillina.
- Preparar un café muy corto.
- Repartir la pasta preparada en las cuatro tazas, procurando que quede bien repartida.
- Verter el café caliente.
- Colocar por encima la crema de leche fría.

CAFÉ A LA RUSA

Ingredientes para 4 personas:

4 huevos
1 naranja
½ limón
2 manzanas
3 plátanos
1 ½ vaso de café exprés
½ taza de azúcar
1 copa de ron

Preparación:

- Se pasarán por la licuadora los 4 huevos sin cáscara, la naranja, el limón, los plátanos, las manzanas y el café exprés. Se hará funcionar la licuadora a velocidad media durante 1 minuto.
- En el último momento, antes de retirar el contenido de la licuadora, añadiremos el azúcar y el ron, y lo serviremos.

CAFÉ «SAINT CYR»

Para 4 personas

Ingredientes:

4 cucharadas de café molido (mezcla)
4 cucharadas de Cointreau
4 cucharadas de nata montada
4 cucharadas de helado de vainilla

Preparación:

- Preparar un café fuerte para 4 tazas y dejar enfriar.
- Poner en cuatro copas altas el helado de vainilla y encima la nata montada.
- Verter el Cointreau por encima.
- Rellenar con el café frío.

CAFÉ A LA SODA

Para 4 personas

Ingredientes:

4 cucharadas de café molido
Soda

Preparación:

- Preparar un café exprés.
- Repartirlo en cuatro vasos altos.
- Azucarar.
- Verter la soda, poco a poco, pues se emulsiona formando una gruesa capa de espuma.

CAFÉ A LA VAINILLA

Para 4 personas

Ingredientes:

4 cucharadas soperas de café molido (mezcla)
4 varitas de vainilla
3/4 de litro de agua

Preparación:

- En un cazo al fuego, hacer hervir el agua junto con dos varitas de vainilla, unos 10 minutos.
- Dejar destemplar el agua y quitar las varitas de vainilla.
- Preparar con este agua un café largo muy caliente.
- Verter en las tazas.
- Partir por la mitad las dos restantes varitas de vainilla y poner un trozo en cada taza.
- Endulzar a voluntad.

CAFÉ VENECIANO

Para 4 personas

Ingredientes

4 cucharadas soperas de café molido
4 yemas de huevo
4 cucharaditas de azúcar
4 cucharaditas de grappa

Preparación

- Preparar un café exprés.
- Batir las yemas y el azúcar. Añadir el licor y el café.
- Remover y poner al baño María, hasta obtener una crema fina y espumosa.
- Repartir bien caliente en 4 tazas.

CAFÉ VIENÉS AL HUEVO

Para 4 personas

Ingredientes

4 cucharadas de café molido (mezcla)
4 yemas de huevo
1 cucharada sopera de kirsch
4 cucharaditas de azúcar

Preparación:

- Batir las yemas de huevo con el azucar y el kirsch individualmente en cada taza.
- Verter por encima el café caliente.
- Revolver.

CÓCTEL DE CAFÉ

Para 4 personas

Ingredientes:

4 cucharadas de café molido
4 copas de Cointreau
1 yema de huevo
2 copas de whisky

Preparación:

- Mezclar en coctelera la yema de huevo, el Cointreau y el whisky.
- Preparar un café exprés para 4 personas.
- Verter el café, bien caliente, en la coctelera. Revolver y servir.

«GROG» DE CAFÉ

Para 4 personas

Ingredientes:

4 cucharadas soperas de café molido
4 cucharadas de crema de leche
4 cucharadas de azúcar moreno
50 g de mantequilla
1 copita de ron blanco
Corteza de naranja
Corteza de limón
Nuez moscada en polvo
2 clavos de especias
Canela

Preparación:

- Preparar un café largo y mezclar el ron. Conservar muy caliente, tapado, junto con la canela.
- Preparar una pasta con la mantequilla, el azúcar, la nuez moscada y el clavo machacado.
- Repartir en las tazas añadiendo piel de naranja y de limón.
- Verter por encima el café, muy caliente y cubrir con la crema de leche.

MOCHACHINO

Para 8 personas

Ingredientes:

8 tazas de café muy cargado
16 cucharadas de nata
4 copitas de grappa
100 g de azúcar glass

Preparación:

- Colocar en copas altas dos cucharadas de nata en cada una de ellas.
- Encima de la nata el azúcar glass y la grappa.
- Añadir el café muy caliente.

MONT-BLANC

Para 4 personas

Ingredientes:

4 cucharadas de café molido (mezcla)
300 g de nata líquida
75 g de azúcar glass
1 copita de Cointreau

Preparación:

- Preparar un café fuerte y dejar enfriar.
- Mezclar la nata con el azúcar y el Cointreau.
- En una cubitera del congelador, helar la nata.
- Repartir el café en copas o tazas grandes y verter por encima la nata triturada.

PONCHE DE CAFÉ

Para 4 personas

Ingredientes:

4 cucharadas de café molido
2 ramitas de canela
1 corteza de naranja
4 copitas de ron

Preparación:

- Preparar cuatro tazas de café cortas.
- Verter en una cacerola de barro al fuego lento.
- Echar la canela y la corteza de naranja.
- Aparte, calentar el ron y verterlo por encima del café.
- Flambear.

Indice

POSTRES

Alsaciana al café 11
Baravois al café 12
Brioches rellenos de chantilly al café 13
Buñuelos de viento al café 14
Caprichos al café 15
Crema al café con chocolate 16
Crema de castañas al café 17
Crema espumosa de café 18
Crêpes al café 19
Croquetas de Santa Teresa al café 20
Chantilly al café 21
Charlota de café 22
Charlota de plátano al café 23
Charlota turca al café 24
Flan al café 25
Huesos de Santo al café 26
Lionesas alargadas con crema de café 27
Manzanas al café 28
Merengue al café 29
Moka 1857 30
Natillas al café 31
Pastel de bizcochos al café 32
Pastel de castañas al café 33
Pastel de galletas con café y chocolate 34
Pastel de manzana al café 35
Pastel de naranja al café 36
Pastel de queso al café con castañas 37
Pastelitos de café a la menta 38
Pastelitos rellenos de crema de café 39
Peras al café 40
Plátanos cariocos al café 41
Plum-cake al café 42
Plum-cake al café y chocolate 43
Pudding de pan con café y chocolate 44
Soufflé de café 45
Tarta de café 46
Tarta de café con almendras 47

Tarta de crema al café 48
Tarta napolitana al café 49
Tarta con naranja al café 50
Tarta niçoise al café con chocolate 51
Tarta de queso y miel al café 52
Tronco a la crema de café 53

HELADOS
Café escarchado 57
Café espumoso helado 58
Corona de helado al café 59
Cubitos de café 60
Granizado de café 61
Helado de café 62
Helado de café y chocolate 63
Helado de café imperial 64
Helado de café al Kemel 65
Helado de castañas al café 66
Helado de crema al café 67
Helado de crocanti al café 68
Helado de nata al café 69
Helado de pasas al café 70
Mousse de café 71
Mousse helada de café 72
Mousse helada de naranja al café 73
Mousse normanda 74
Mousse de queso y café 75
Sorbete de café a la menta 76
Sorbete de café al ron 77
Sorbete de piña con café 78

BEBIDAS
Batido 81
Batido de plátanos al café 82
Café americano 83
Café antillano 84

Café calipso	85
Café canelado	86
Café al caramelo	87
Café caraqueño	88
Café capuchino	89
Café al coñac	90
Café curaçao	91
Café «Champs Elisées»	92
Café «Câteau»	93
Café al chocolate	94
Café danés	95
Café «du matin»	96
Café escocés	97
Café flambeado	98
Café indiano	99
Café irlandés	100
Café al jenjibre	101
Café madame	102
Café a la miel	103
Café napolitano	104
Café a la rusa	105
Café «Saint Cyr»	106
Café a la soda	107
Café a la vainilla	108
Café veneciano	109
Café vienés al huevo	110
Cóctel de café	111
«Grog» de café	112
Mochachino	113
Mont Blanch	114
Ponche de café	115

NOTAS para sus recetas: